Valentín Martínez Carbajo

POEMAS Y VERSOS
DE
AMOR PROFANO

Contenido

Valentín Martínez Carbajo

PRIMERA PARTE
VERSOS DE AMOR PROFANO

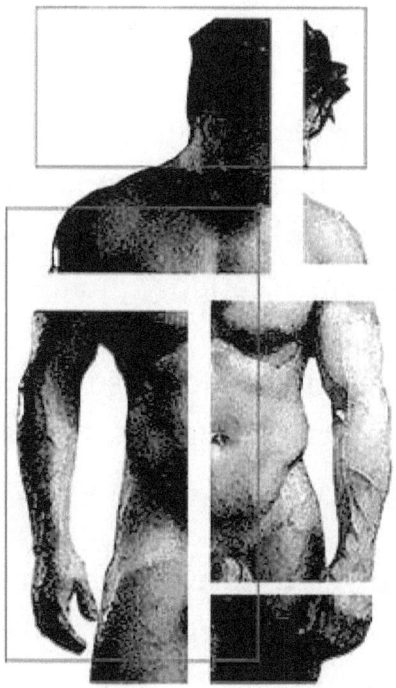

23 Composiciones

COMPOSICIÓN NÚMERO UNO

Tu cuerpo rudo y fuerte de soldado.
Tus brazos que me cercan prisionero.
Tus ojos que a mis ojos han guiado
hasta lo más profundo de tu anhelo.

Vencido en el combate del deseo,
y por cumplir tus sueños victoriosos,
camino con mis labios sin recelo
bajo tu vientre cálido y dichoso.

Tus piernas musculosas se abandonan,
a frágiles caricias de mis manos.
Mas busco tu sabor, y mi alma toma

con mi boca la torre en el rellano,
de tu cintura en fuego que se asoma
al paraíso ardiente de Vulcano.

COMPOSICIÓN NÚMERO DOS

Cuando sentí tus dedos disfrutando
junto a la piel que esconde mis anhelos,
el dormido volcán fue despertando.
Y tú seguiste al punto acariciando
aquel lugar, donde se forja el fuego.

A tu boca, mi boca se entregaba.
Celosa, sucumbía ante tu pecho.
Rendida a su pasión se desbordaba.
Rugiendo con sus labios que te amaba.
Perdida en la dulzura de tu lecho.

Al fin nuestras cinturas se encontraron.
Con nuestras dos espadas combatimos.
Y entre nuestro sudor nos recreamos.
Y entrelazamos fuerte nuestros sinos.
Sembrando de placer nuestros caminos,
unidos firmemente por las manos.

COMPOSICIÓN NÚMERO TRES

Tumbado en la cubierta del velero,
tu poderoso mástil me mostrabas.
Podía competir con los luceros,
en la brillante fuerza que portaba.

Y poco a poco el mar se embravecía,
al ver tu cuerpo en encendido celo.
La espuma de las olas competía,
por alcanzar tu deseado cielo.

El viento, al rodearte, se agitaba.
La proa caminaba hacia el levante.
Mis sueños, en tu vientre, dormitaban.

Mis manos combatían por tocarte.
Tu boca, con susurros, me llamaba.
Mi cuerpo suspiraba por amarte.

Valentín Martínez Carbajo

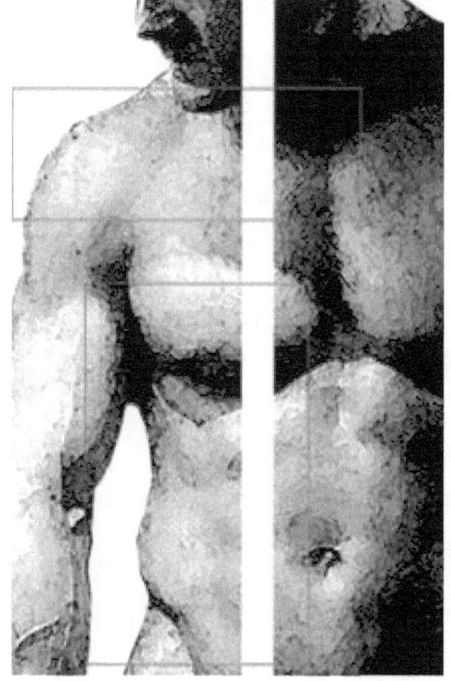

COMPOSICIÓN NÚMERO CUATRO

Tu musculoso cuerpo,
en su desnuda palidez se recreaba.
La chimenea ardía,
cuando la tarde en sombras te arropaba.

En el sillón tendido,
a mi agitada vista regalabas,
las cálidas caricias
que a tu soberbio cuerpo le entregabas.

En tu entrega ponías
tan esmerado celo en tu bravura,
que iluminaba el cielo
el fuego que prendía tu cintura.

Seguiste acariciando,
con tu pierna derecha flexionada,
los frutos que flotando
de tu aguerrido tronco disfrutabas.

Moviste de tal modo
la copa de aquel árbol al que amabas,
que hiciste que saliera
la nube de aves blancas que albergaba.

La noche había caído,
cuando tu alma rendida descansaba.
Pensaba en tus gemidos,
cuando mi propio cuerpo acariciaba.

COMPOSICIÓN NÚMERO CINCO

Abandonado estoy entre tus piernas,
mirando ese volumen de tu ropa:
blanca seda de amor, que me trastoca,
ceñida a tu cintura húmeda y tierna.

Sueño con deslizarla y descubrirte,
el monte de placer que me consume.
¡Cuánta dicha escondida se presume,
bajo tu vientre para recibirme!

Más profanar mis manos ya no quieren,
el velo de tu templo sinuoso.
Sólo, mirar mis ojos, que prefieren

soñar con tus perfiles en reposo.
Y así esperar la hora que requiere,
rasgar tu suave tela con mi acoso.

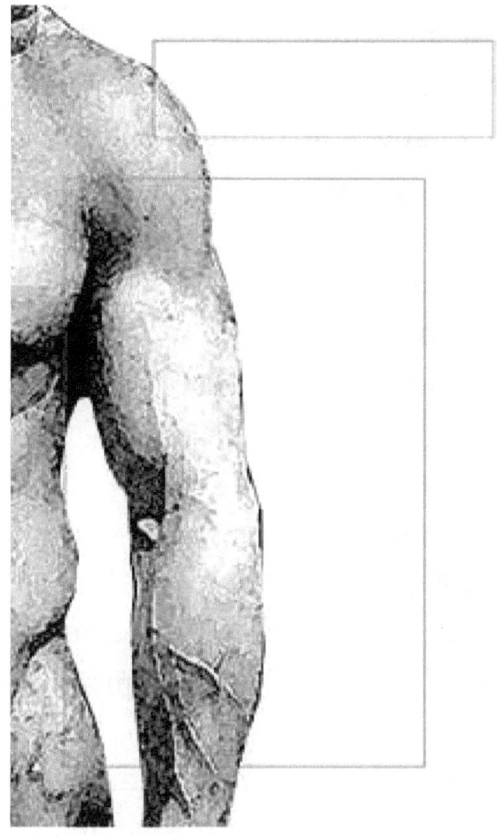

COMPOSICIÓN NÚMERO SEIS

Tu olor mis emociones ilumina,
cegando con mi cara tu cintura,
donde el sudor ardiente me domina,
llevando mi pasión a la locura.

Allí mi lengua juega con la fruta,
en el reposo erguido de tu cuerpo.
¡Qué calidez!, de qué sabor disfruta,
en el ardor de tu mejor acierto.

Me esfuerzo con rigor hasta encontrarme
el néctar que tú escondes en la sima,
y con tus movimientos recrearme,
mientras mi boca firme lo aproxima.

La bolsa en la que guardas dos deseos,
que al tacto de mis manos se abandona,
se quema entre las yemas de mis dedos,
que en suave balanceo la devoran.

Creciendo tu placer y tu alborozo
ya siento dirigirse hacia la cima
la miel que va subiendo desde el pozo
por el canal de fuego que camina.

Gimiendo con tu cara embravecida,
tus brazos encogidos sobre el pecho,
jamás en una muerte hubo más vida,
que en tu yacer rendido sobre el lecho.

COMPOSICIÓN NÚMERO SIETE

Dejó caer su íntima prenda distraído,
a contraluz de aquel atardecer calmado.
Su desnudez fluía como el río
con su perfil en sombras ensalzado.

Al fondo del salón, con la mirada,
bebí de sus contornos amorosos:
vientos que han agitado la ensenada
donde los juncos salen del reposo.

Pausado acariciaba con su mano
un tesoro de miel y de ambrosía.
Sus pies fueron llevándole a mi lado
para fundir su boca con la mía.

Con un lento placer me despojaba
de la ligera ropa que escondía
la fuerza del bastión que devoraba
rindiendo con sus besos pleitesía.

Más suaves movimientos ha trazado,
que dominan mi piel más sinuosa,
que más dulce perder no habré encontrado
ni esclavo con un alma más dichosa.

Tendido en el tapiz que cubre el suelo
con la noche cayendo en la ventana,
con su pecho brillando con el fuego,
con mis labios cubriendo su mirada.

Qué lento caminar el de mi mano
desde su corazón hasta la cima
donde sus bucles forman el rellano
donde se yergue el faro que me guía.

Rindiéndose sus piernas a mi acoso,
en llamas agitando su cintura,
lucha mi mano firme sin reposo
para colmar la dicha de su altura.

Me atrajo sin medida hasta su boca
en un beso empeñado tan profundo,
que mi razón otro universo toca,
y he de tomar aliento de otro mundo.

Al fin nuestras dos almas enlazamos.
Presos de nuestros cuerpos sucumbimos.
Y con lascivo amor nos regalamos.
Y con lujuria ardiente nos fundimos.

Valentín Martínez Carbajo

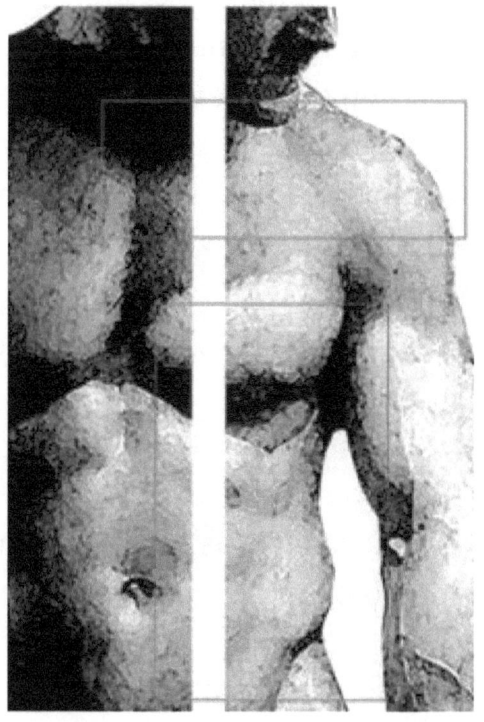

COMPOSICIÓN NÚMERO OCHO

Sus labios en mi cara, recreaba,
mi cuerpo entretejía con el cielo,
mientras su suave mano acariciaba,
mi piel en empeñado celo.

En su camino el sol se fue elevando.
El fuego en su sendero se enaltece,
mientras su boca sigue caminando.
Al tiempo mi pasión se enciende y crece.

Rocé con mi anular su medio día.
Su sublime tesoro me entregaba,
en dos hermosas perlas que pendían,
del poderoso cetro que portaba.

Con dulce decisión me removía,
y me hizo descansar sobre mi pecho.
Fue la mayor riqueza que tenía,
que puso en lo profundo de mi lecho.

El dueño de mi vida cabalgaba.
Creyó que le apresaba la locura.
Mi rienda fuerte y firme gobernaba,
y fuimos más allá de la ternura.

Después vimos que el sol ya había nacido.
De nuevo nuestras vidas comenzaban.
Y cuando aquella hora hubo dormido,
otros sueños y anhelos despertaban.

COMPOSICIÓN NÚMERO NUEVE

Torso dorado y firme del guerrero.
Cetro entre dos columnas apostado.
Sueño entre los rigores del soldado.
Plácida desnudez del compañero.

Sus musculosos brazos pendencieros,
al abrazar el cuerpo de su amado,
en suaves armaduras se han tornado
para sentir la piel de su lancero.

Y entre el sudor sus cuerpos se deslizan.
Con violento ardor se reconocen.
Entre sus labios, bocas que se gritan.

Y entre sus pechos, almas que se encogen.
En su pasión se funden y se agitan.
En su calor sus vidas se recogen.

COMPOSICIÓN NÚMERO DIEZ

Te despojé despacio de tu ropa,
mirando tus contornos sin recelo,
probando de tu sexo, con mi boca,
la suavidad del azulado cielo.

Mis dedos se aprisionan en tu pelo.
No siento ya pudor ni compostura.
El único horizonte de mi celo,
es devorar ardiente tu cintura.

Esa noche te amé con tal locura,
ardí dentro de ti con tanto fuego,
que se alejó de mí toda cordura,

y aún lucho por fundirme en la espesura
de tan inesperado y dulce anhelo,
que otro placer tan solo es amargura.

COMPOSICIÓN NÚMERO ONCE

Sentir el tacto de sus firmes manos,
bajo mi vientre, sobre mi frontera,
es conjurar volcanes apagados,
es avivar placeres y quimeras.

Mi piel despierta bajo su cuidado,
y en la copa del tronco centellean,
mieles que se escalonan a la espera,
de amanecer a la orden de mi amado.

Mirando mi placer, él se embelesa;
viendo como se agita mi cordura.
Gimo cuando mi piel sus labios besan.

Lloro cuando se abraza a mi cintura.
Y cuando su pasión, su cuerpo expresa,
abre mi corazón a la ternura.

COMPOSICIÓN NÚMERO DOCE

Textura de una piel de medio día.
Mirada escrutadora de hendiduras.
Pliegues sinuosos en la envergadura
del prominente monte que escondía.

Cálidas horas de una compañía,
en la que acariciar esa bravura,
es colmo de pasión y de ternura,
abrasándose en fuego el alma mía.

Otra dicha mi boca ya no quiere
ni mis ojos mirar otros caminos
ni mis labios probar otros placeres

ni mis manos tocar otro destino
ni mis noches tener amaneceres
ni otros ardientes sueños vespertinos.

COMPOSICIÓN NÚMERO TRECE

El tiempo se detiene mientras te desnudas.
Brilla tu oscura piel naciendo ante mis ojos.
¡Qué eternidad más dulce cuando te aventuras
a descubrir mi fuente amada tras su embozo!

Rendido a tu placer ya solamente anhelo,
que mi espada acaricies con tu ardiente boca,
y mi boca persiga, con ferviente celo,
iluminar el faro que, mirando al cielo,
en lujuriosa dicha a mi alma le provoca.

COMPOSICIÓN NÚMERO CATORCE

Cómo podré vivir sin tu ternura,
sin tus pasos guiando mi destino.
Cómo podré morir a la locura
de amanecer sin verte en mi camino.

Dónde gustar las mieles de tu boca,
y tus suaves caricias en mi pecho.
Cómo acallar las voces que te invocan
en el silencio oscuro de mi lecho.

Cómo puedo creer que está en mis manos
volver a la alegría de esos días.
Tu aliento era mi fuego en el rellano

del frío escalonado de mi vida.
Tu voz era el acorde del verano,
que dio su palpitar al alma mía.

COMPOSICIÓN NÚMERO QUINCE

Desde que te miré y me miraste,
con tus ojos brillando con la luna,
sueño que tu pasión es mi fortuna,
y tu sueño soñar que me encontraste.

Eres quien ilumina mis estrellas,
el que da luz al sol de mis mañanas,
el que hace que mi vida sea más bella,
y llena de luceros mi alborada.

Sueño con tu soñar, y en tus ensueños,
duermes entre el calor de mis abrazos.
Y al despertar no pones otro empeño,

que conseguir llevarme hasta tu lado.
Y así seguir soñando con mi sueño
de retener tu vida a mi cuidado.

COMPOSICIÓN NÚMERO DIECISÉIS

Era la hora dorada de mis días,
cuando tu piel tenía a mi cuidado,
cuando en tus ojos vi que me querías,
cuando mi cuerpo estaba entre tus manos.

Era tu risa el cielo de mis noches.
Con tu ilusión mi corazón latía.
Y tus caricias eran el derroche
de la pasión ardiente que sentía.

Dónde te fuiste, luz de mis senderos.
Dónde se fue la estrella que me guía.
De tu recuerdo sigo prisionero.

Y por tu ausencia llora mi alma herida.
Volverte a ver es mi mayor deseo.
Morir a ti, la muerte de mi vida.

COMPOSICIÓN NÚMERO DIECISIETE

Cuando te miro nacen en mi pecho
las perlas del tesoro más buscado.
Mayor placer que estar sobre tu lecho
es contemplar mis sueños a tu lado.

No puedo describir, cuando te abrazo,
la dicha que me envuelve y la ternura,
al sentirme con tu alma en mi regazo,
al contemplar el tiempo sin premura.

Llegaste cuando ya no te esperaba.
Surgiste cuando ya no lo creía.
Dijiste con tus labios que me amabas,

y conoció la paz el alma mía.
Soñé que en tus oídos recreabas,
mi voz cuando gritó que te quería.

COMPOSICIÓN NÚMERO DIECIOCHO

Si estás cerca de mí veo las estrellas,
aun estando en la hora más oscura.
Si ríes para mí la vida es bella.
Si lloras me aprisiona la locura.

Si sueñas me iluminas en la noche.
Si callas me estremezco sin medida.
Si me hablas la alegría es el derroche
de la felicidad del alma mía.

Mis pasos sin tu luz son peregrinos.
No siento si no cuento con tu abrazo.
No marca el firmamento mi destino

ni las curvadas líneas de la mano,
sino tu voz guiando mi camino,
para llevar mi vida hacia tu lado.

COMPOSICIÓN NÚMERO DIECINUEVE

Las voces del silencio me aprisionan.
Me refugio en la fuerza de tus brazos.
Mis sueños en tus manos se abandonan.
Y en tu pecho construyo mi regazo.

Soñé besar tu cuerpo musculoso.
Sentí el calor que tiene tu ternura.
Rozó mi piel tus labios amorosos.
Fundí mi cuerpo sobre tu cintura.

Por qué será que no logro encontrarte.
Sé que tu sueño sueña con el mío.
Cuándo querrá el destino despertarte,

y hará cruzarte en mi frío camino,
para que tu pasión pueda arroparme,
y el fuego de mi amor siga encendido.

COMPOSICIÓN NÚMERO VEINTE

Quisiera ser el pelo de tu pecho.
El sudor de tu sexo en el verano.
El agua recorriendo los estrechos
y sinuosos pliegues de tus manos.

Quisiera ser la lengua de tu boca,
la curva de tu cuello mientras gimes.
Quisiera ser el celo que provoca
la fuerza de esa arma que me esgrimes.

Recorro con mis labios tus caderas,
mientras tus pies me tocan placenteros,
y entre mis piernas ardo ante la espera,

de penetrar tu cuerpo en el sendero
donde el placer revierte en sementera,
y mi calor se hace tu prisionero.

COMPOSICIÓN NÚMERO VEINTIUNO

En las primeras horas de la noche
se descubre tu pecho ante mis ojos.
Mi corazón palpita ante el derroche
de tu aguerrido cuerpo musculoso.

Tus piernas aparecen a la espera
de la pasión de mi ardiente mirada.
En tu cintura una tela recrea
tu sinuosa turgencia encelada.

Tu desnudez a mi alma le esclaviza.
Con suavidad retengo a tu bravura.
Y con tus fuertes manos se desliza

el lienzo que arropaba a tu cintura.
Incluso siento celos de la brisa
al compartir conmigo tu ternura.

COMPOSICIÓN NÚMERO VEINTIDÓS

El pelo de tu cuerpo me estremece.
En tu pecho mi cara se aventura.
Y recorro tu vientre mientras crece
mi pasión y tu espada desnuda.

Tus piernas se entregaron a mis besos
mientras que tu cintura se agitaba.
Y en mi lascivia acaricié tu sexo,
que entre mis labios de amor palpitaba.

Otro placer mi boca no ha encontrado,
mayor que el de sentirte tan rendido,
a mi lengua dichosa en el rellano,

donde se asoma tu faro encendido.
Dejando mi placer entre tus manos,
cuando a mis manos ya fuiste rendido.

COMPOSICIÓN NÚMERO VEINTITRÉS

Cuando me miras mi alma se estremece.
Entre mi ropa juegas con tus manos.
Es mi calor que con tu dicha crece.
Y mi pasión te estrecha hacia mi lado.

Beso tus ojos mientras me desnudas.
Siento en tus dedos fuego si me tocas,
la fuente de placer que se aventura,
al sueño con los labios de tu boca.

Dejo mi piel rendida a tus deseos.
Y al invadir mi cuerpo con tu arrojo,
puedo sentir al universo entero,

que a nuestro lecho acude silencioso,
para mostrar a estrellas y luceros,
donde nació su brillo fastuoso.

.

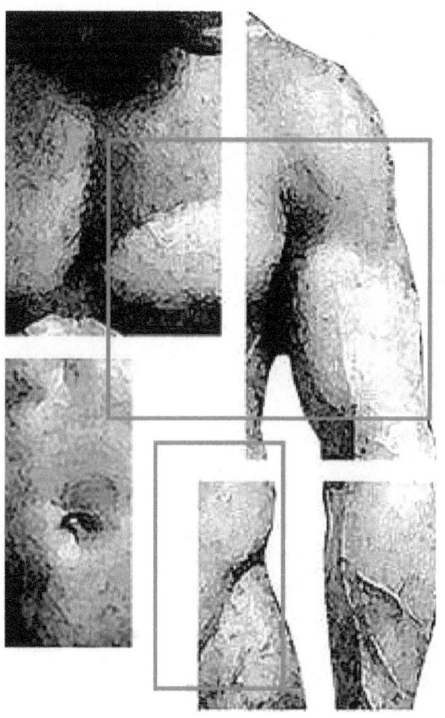

Valentín Martínez Carbajo

SEGUNDA PARTE
POEMAS DE AMOR

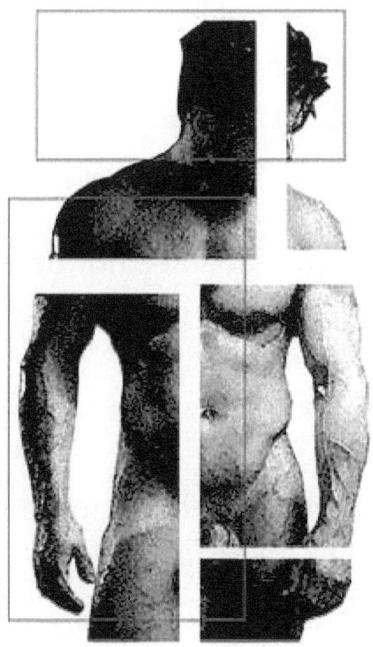

14 Composiciones

CUANDO TE VI
Preámbulo a un Soneto Azul

Se confundió la luna al entreabrir tus ojos.

Y al cielo preguntó
si había permutado el espacio profundo.

Las cigüeñas volaban.

En la plaza,
la hierba refrescaba el calor de un abril inestable.

El sol resplandecía.

Aturdido,
sentí el impulso de alejarme.

Cuando volví...
ya te habías marchado.

SONETO AZUL

Ojos azules que mirar quisiera,
como miro a las nubes peregrinas.
Pintando en cada par una ribera.
Soñando en cada dos toda una vida.

Allá donde terminan los caminos.
Donde guarda su luz la Luna Nueva.
Donde aprenden los pájaros sus trinos:
morir allí mi soledad sintiera.

Azules como el mar y como el cielo.
Azules que me hablan de bonanza.
Azules que quisieran los luceros.

Azules que desgarran mi templanza.
Azul quiero tenerte compañero,
Azul y más Azul en mi esperanza.

ENTRE CRISTAL Y PLATA

Entre Cristal y Plata,
tras la vitrina,
mantiene prisionero
el aroma del fondo de los lagos.

Tiene el cabello Negro Noche.
Su piel color de trigo.
Y en sus ojos Escorpio,
constelación Rojo Dormido.

Manos con calor de madrugada.
De rostro erguido.
Voz con el sabor de una mañana,
que aún no ha venido.

Entre Cristal y Plata:
conjura sortilegios de Magia Blanca.

Y entre los oros fuego,
y entre el agua de espadas,
de amor llenan las copas,
vientos de la alborada.

Ayer sentí el aroma del fondo de los lagos.
Y me hablaron las sotas... de la baraja.
Quiero...
Quiero estar prisionero entre cristal y plata.

SONETO DEL MAR

El mar tiene el rumor de las mentiras,
vagas que te susurran al oído,
sordo por el rugir del agua viva,
en caracolas muertas y amarillos.

El sol se va a dormir dejando paso,
a nieve en su colchón oscuro y frío,
es cuando el cielo arrulla a Sagitario
que el mar me miente hablándome de trinos.

De golondrina alegre y soñadora,
que de mi corazón quiso hacer nido.
Dorada fantasía, azul de aurora,

que vi en aquel amanecer sombrío.
Amor y llanto aquella triste hora.
Azul de mar... ¡Otra vez me has mentido!

SONETO DEL SUEÑO

Sé que tu piel no rozará la mía,
más que en la lejanía de mi sueño.
Caracolas de mar, guitarra herida,
por el dolor que se clavó en mi pecho.

Amapolas tu torso junto al mío,
rosas de color fuego y esperanza.
Estrellas y luceros en el cielo,
cuando me desperté con la mañana.

Dolor soñado, siempre viajero.
Que si dolor, es cuna de mi calma.
De mis continuos sueños marineros.

Pues en la mar soñé tu hermosa estampa.
Sueños de agosto, sueños mensajeros:
pergaminos y sellos de añoranza.

POEMA DE AMOR

Nunca sentí a las nubes en mi pecho
ni al mar azul rugiendo entre mis manos,
hasta tener tu piel sobre mi lecho,
hasta sentir tu alma en mi rellano.

Yo caminé entre sombras escondido,
agazapado y mudo tras mis ojos,
pensando que las gotas de rocío
eran de un llanto frío y silencioso.

Amanecí a la luz de tu mirada.
Fue como ver la luna a medio día,
como si las estrellas desplegaran
un universo nuevo que escondían.

¿Por qué olvidar las noches de tormenta?
¿Por qué fingir que nunca estuve herido?
Quiero sentir tus labios como menta.
Sea tu voz un bálsamo a mi oído.

Nunca soñé la vida como un sueño,
porque la realidad me desvelaba.
Hoy es real tu aliento en mi ensenada.
Es hoy la oscuridad un pasto de otro dueño.

Ahora en mis noches brillan los luceros.
Por las mañanas crecen amapolas.
¿Por qué será que solamente quiero,
sentirme de tus brazos prisionero,
y reo de los besos de tu boca?

Ninguno de los dos venció su miedo.
Fue nuestro encuentro un cerco del destino.
Algún hechizo unió nuestros caminos,
limpiándolos de abrojos y de espinos,
sembrando de calor nuestros senderos.

Llegaste cuando ya sólo esperaba
sentir desesperanza en mis esperas.
Sólo esperar era lo que sembraba,
nunca pensé que un fruto amaneciera.

Desnudos, se desnudan nuestras vidas.
Tras la agitada noche, la cordura.
¿Por qué no sucumbir a la locura,
y hacer del día un manto de ternura,
que cubra para siempre mis heridas?

Y si algún día el viento te llevara
hacia un camino lejos de mi techo,
sé que tu olor se quedara en mi pecho,
y en mis ojos grabada tu mirada.

Llegaste como el agua que esperaba
la eterna primavera de mi vida.
Si el sol abrasador la marchitara,
ningún reproche hará que renunciara
al tiempo que abrigó mis alegrías.

¡Duerme, mi amor! Descansa en mis abrazos.
Yo velaré tu sueño con mi espada.
Es tu calor la tela de mi almohada.
Tu corazón... la mano que me guía.

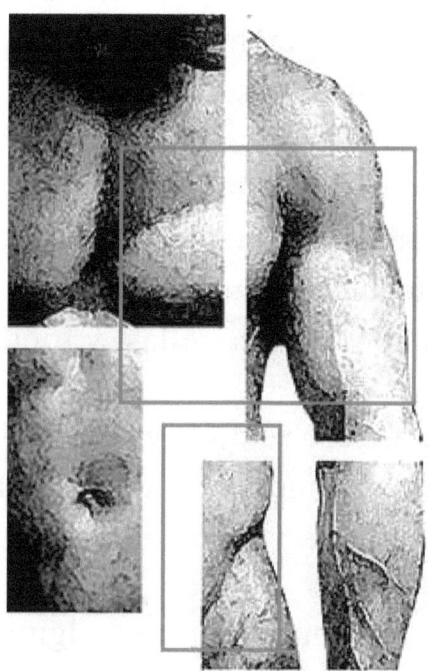

SONETO PARDO DE UNOS OJOS VERDES

Pardos tus ojos verdes cuando miran,
y al enfrentar tus ojos a los míos,
sueña mi corazón que el sol envía
a otros astros trazar nuevos caminos.

Donde tu despertar sea mi guía.
Tu atardecer mi cielo y desvarío.
Tu anochecer llenara el alma mía
de pasión, y de estrellas, y rocío.

Ya no quiero relojes, ya no hay tiempo,
ni a la luna menguando mi alegría.
Solo tus ojos verdes junto al viento.

Junto a la mar, la tierra y algún día,
cuando el amor confunda al firmamento:
tu mano y tu calor serán mi guía.

CÓMO DECIR AL MUNDO

Cómo decir al mundo que es tu rostro,
sino como la luz de primavera,
amaneciendo Venus en la esfera
del mar profundo y verde de tus ojos.

Cómo decir al mundo que en tus manos
hay tesoros de fuego y de ternura,
cómo decir que hay paz y que hay bravura,
tempestades y brumas de los lagos.

Cómo decir al mundo que, en tus labios,
imagino caricias y dulzura,
llamas del sol, conjuros, sortilegios,

gavilanes, tormentas y torturas:
colores que dibujan el espacio
que imaginó mi amor y mi locura.

QUISIERA DESPERTAR

Quisiera despertar con tu calor...
dormido entre mis brazos.

Por tus caricias bañado de dulzura.

Quisiera despertar durmiendo en el regazo,
allí donde tejen los rayos de Luna.

Con tus fuertes manos sobre mi cintura.
Con tus ojos puestos en mi corazón.
Con tu firme cuerpo lleno de ternura.
Con tu alma serena y con tu ilusión.

Quisiera gritar que te quiero al viento.
A la mar hablarle de mi sinrazón.

Quisiera grabar en el firmamento
que tú eres mi estrella, mi tierra, mi sol.

Quisiera pisar con tus pies caminos,
que nos condujeran hasta una región,
donde los claveles y las azucenas
llenaran de blanca y de roja pasión
la noche y el día de la primavera,
que nació del sueño con una prisión,
donde un carcelero guarda prisionero
mi cielo, mi vida, mi muerte, mi amor.

NUNCA VI UNA SONRISA

Nunca vi una sonrisa que me hablara,
en tan claro lenguaje y al oído,
de leones, de tigres y rugidos,
en el estrecho mundo que habitaba.

Nunca vi tantas perlas engarzadas
en un rostro tan fuerte y tan curtido
como el trigo del campo en el estío,
como luna creciente en la ensenada.

Tanta negrura esconde a tus mejillas,
y contrastan los labios de tu boca,
que las aves del cielo se equivocan,

confundiendo su ruta y las gavillas
con que tejer su nido y un futuro
donde sembrar amor... y campanillas.

PRECEDERÁN PRODIGIOS

Precederán prodigios en el cielo
a tus brazos rodeando mi cintura.
Concurrirán señales de ternura
a mis ojos brillando con tu pelo.

Y sonarán acordes en el viento
por mis labios rozando con tu boca.
Y el sol se apagará mientras evoca
la llama que le dio el primer aliento.

Venus regresará de los confines,
sin respeto al espacio y sus linderos,
derramando su paz en el sendero

donde clavó su flecha de jazmines,
donde descansan rubios querubines,
que de tu amor me hicieron prisionero.

MADRIGAL PRIMERO

Entre esta luz de pálido verano,
se funde con el viento,
el oro de tu escudo anaranjado,
y de luna por dentro.

De esa coraza firme y tentadora,
donde se oculta el cielo,
haría de mi espada soñadora
mi madrigal primero.

Y allí se ve tu cuerpo sudoroso.
Se escucha a Apolo y Venus
descifrando tus líneas en reposo,
con un mirar de duelo.

¡Alondras, despertad! ¡Y ruiseñores!
Vuestros cantos espero.
Es esta luz de pálido verano
la que en mi vida quiero.

SONETO NEGRO

Negro azabache las ondas de tu pelo.
Negro como las niñas de tus ojos.
Negro que no me encuentro en mi desvelo,
porque es negro de luz y de reposo.

Dibujo mil caricias en el aire,
a tu cuerpo tendido en esta noche,
junto a mi corazón vestido de derroche,
en un sueño con signos descifrables.

Negro de oscuridad que no es oscura.
Negro antes de que el sol se desperece.
Negro que ha desteñido mi locura

y en su negrura ahora resplandece.
Negro que ha desterrado mi amargura,
cuando mi vida casi languidece.

AUTOGRAFÍA

Acordes... de la primera Noche de los Mundos.

Canción de la Sirenas.

Brote de mi último pensamiento:

                    … Llegas atropellando.

Cuentos de la primera aya.

Susurros de las sílfides.

Prisión oscura de mi memoria:

                    …¡Descansa!

En paz, con el silencio de la nada,

esperando la luz de los encantamientos,

soy yo:

                    … Mendigo de los Magos.

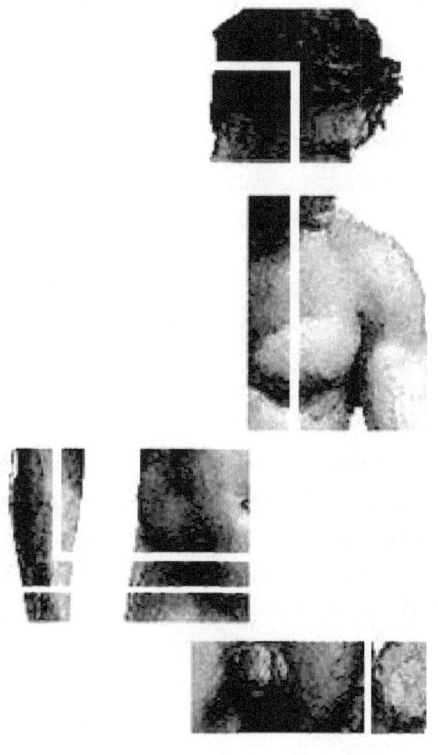

FIN

OTRAS OBRAS DEL AUTOR EN AMAZON

Dejé unas notas para ti

Vivir siendo parte del colectivo LGTB no es fácil. Claro que, si uno va al cine, o ve algunas series de televisión, da la impresión de que no hay motivo para preocuparse. Que no son necesarios libros que te aporten un poco de luz y tranquilidad para poder normalizar tu vida.

Hay mucha información sobre el tema, pero frecuentemente nos olvidamos de lo más básico, de lo más elemental. De los pequeños detalles de la problemática del colectivo LGTB. He escrito este libro para hablar de lo que significa ser gay para la gente común con profesiones comunes que vive en ciudades comunes y como no morir en el intento.

El Nigromante

Una mujer es encontrada muerta en su domicilio y la única pista que tiene la policía es la tarjeta del gabinete de David, encontrada sobre su mesilla de noche. A través del hilo conductor de una investigación policial, El Nigromante cuenta la historia de un hombre que para vivir trabaja como echador de cartas.

La hora nona

Un monje es encontrado muerto en las frías escaleras del campanario del monasterio de San José durante la mañana de Navidad. La muerte es dictaminada como accidental; pero una misteriosa carta, que llega hasta su familia, les hace sospechar que la verdad oficial se encuentra lejos de lo que en realidad ocurrió.

Sombras en el balneario

Sara Olmos, propietaria del Gran Hotel Balneario de Santaloma, acude al despacho del detective Samuel Trusant, con el fin de que investigue las circunstancias que rodearon a la muerte de su esposo. Al mismo tiempo, y con objeto de alejar la atención de los posibles implicados en el suceso, le pide que indague sobre la veracidad de unas misteriosas apariciones que se producen en uno de los pasillos del hotel.

El sueño del dragón

Un niño es abandonado nada más nacer en una granja de Colorado, EEUU. Al cumplir diez y nueve años, descubre un pequeño atlas con un punto señalando una pequeña localidad europea. Llevado por un impulso que no puede evitar decide dirigirse a ella; Para lo cual se embarcará como camarero en el crucero Alpha Dragonis, donde se verá amenazado por unas extrañas criaturas al tiempo que conocerá a una misteriosa mujer que le descubrirá tanto su verdadero origen como la misión que tiene encomendada. (Aventuras)

El camino de la iluminación espiritual y personal

Las fases que atravesamos en el camino espiritual no vienen señaladas en un mapa ya que hay tantos caminos para llegar a la cima del espíritu como personas existen en el mundo, pero tarde o temprano, todo buscador pasa por las mismas estaciones, por los mismos puestos de peaje, por las mismas aduanas. De eso trata este libro.

www.ingramcontent.com/pod-product-compliance
Lightning Source LLC
Chambersburg PA
CBHW021037180526
45163CB00005B/2169